Juan Manuel Gómez Tirado

DE OTRA LUZ
Y OTROS MARES

Juan Manuel Gómez Tirado

DE OTRA LUZ
Y OTROS MARES

© Obra: De otra luz y otros mares

Primera edición: Febrero, 2025

© Autor: Juan Manuel Gómez Tirado

ISBN: 978-84-129946-0-5
Depósito Legal: M-3305-2025

Maquetación y diseño: Daniel García-Alcaide Cabrera

Imágenes de cubierta: Carlos Gómez Tirado

© Editado por VISION LIBROS www.visionlibros.com

Gestión, promoción y distribución: Grupo Editor Vision Net S.L.
C./ San Ildefonso 17, local, 28012 Madrid. España.
Tlf: 0034 91 3117696 // Email: pedidos@visionnet.es
www.visionnet-libros.com

Disponible en librerías físicas y online.

Palabras preliminares

De las tres secciones en que se divide el libro, la primera, «De otros mares», también lo es por orden cronológico. Los poemas que la integran fueron compuestos hace más de treinta años —he querido rescatarlos del olvido de archivos antiguos— y están envueltos en esa atmósfera helénica que ha caracterizado buena parte de lo que he escrito. En dos de ellos empleo una forma poética que he bautizado como «seferiana» en honor de su creador, el poeta griego Yorgos Seferis, y que nunca había sido utilizada, por lo que se me alcanza, en español. «De otra luz» contiene tres poemas bastante más recientes y, en contra de mi costumbre, relativamente largos. El que se titula «Experiencia de la poesía» viene a ser algo así como una autobiografía poética.

Según palabras de Gerardo Diego, en su *Viacrucis* se sometió «a la estrecha disciplina de la más plástica y barroca de nuestras estrofas». Más allá de su plasticidad y barroquismo —o tal vez precisamente por eso—, la décima, de «rigurosa pauta rítmica», exige un enorme esfuerzo de concisión, sobre todo cuando, como en las que presento ahora, cada una constituye una unidad temática. A lo largo de treinta décimas, «Paisajes y arquitectura» recoge impresiones, recuerdos, evocaciones… inspirados por lugares muy diversos en los últimos años. Unas veces son un edificio o un paraje singulares, su aspecto, su estado, su historia los que suscitan el poema; otras, en cambio, el sitio que le da título es un mero pretexto para traer a la luz momentos y personas: se trataría, entonces, de un paisaje «humano» si se me permite la paradoja.

De haberse publicado este libro en otro tiempo, quizá habría requerido, para su mejor comprensión, un complemento explicativo en forma de repertorio de imágenes e índice de notas. En nuestros días, el lector que lo considere necesario podrá encontrar fácilmente en Internet toda la información que precise con solo introducir un nombre en cualquier buscador.

Decía Federico García Lorca que los libros de poesía caminan muy lentamente. De ese lento caminar participan los míos. Espero que este último, en su marcha, deleite el camino de los lectores que recorran las siguientes páginas.

DE OTROS MARES

ENTRE TÚ Y YO

El mar, entre los dos, te tiene
y anilla tu cintura.
Besa tus labios la frescura
del viento que va y viene.

Suena aún el eco del adiós:
tú en mi memoria y lejos.
Siempre el azul y los reflejos
del mar entre los dos.

Vivir el sueño y despertar
en lengua diferente.
Amor y angustia frente a frente
y entre los dos el mar.

ΣΤΡΩΣΕ ΤΟ ΣΤΡΩΜΑ ΣΟΥ ΓΙΑ ΔΥΟ

> *Χάθηκα μες στα μάτια σου*
> *και στη δική σου μοίρα.*
> ΙΑΚΩΒΟΣ ΚΑΜΠΑΝΕΛΛΗΣ

Está la calle oscura
hasta encontrarte:
amante en medio de ella
la mano dame.

Para los dos prepara
tu lecho tibio
donde nos abracemos
desde el principio.

Me abrazas y te abrazo;
te das, me doy.
Feliz inmensamente
eres y soy.

Resucitado todo,
todo aprendido.
Quédate en este instante
siempre conmigo.

Por haberte encontrado,
mi laberinto,
me he perdido en tus ojos
y tu destino.

VERDE

Solo una lengua es lengua
si habla de amor.
La de tus ojos verdes:
tu verde voz.
Háblame, amiga,
con la verde elocuencia
de tus pupilas.

Tus ojos dan el brillo
que más me gusta,
cuando verdes recados
de amor susurran.
Pásame, amada,
las contraseñas verdes
de tu mirada.

Besas, cantas y ríes
desde tu boca.
Desde tus ojos hablas
tu verde idioma.
Mírame amante,
que tu verbo visible
recorra el aire.

Mías sean las sales
que hay en tus labios,
el abrazo marino
de tus milagros.
Rompen tus olas
verdes en mis cantiles
y me enamoran.

Quiero quererte tanto
que tú no quieras
quererme menos de lo
que yo quisiera.
Quiere, querida.
Que tu querer me quiera,
quiero... ¡Y querías!

SEFERIANA DEL DESTINO

γίγνωσκε δ᾽ οἷος ῥυσμὸς ἀνθρώπους ἔχει.
«Conoce qué cadencia domina a los hombres».
ARQUÍLOCO DE PAROS

ὁ δ᾽ ἄφυκτος ὁμῶς κρέμαται θάνατος.
«La ineludible muerte pende por igual».
SIMÓNIDES DE CEOS

σκιᾶς ὄναρ ἄνθρωπος.
«De una sombra sueño, el hombre».
PÍNDARO DE TEBAS

Cambia así el ritmo del destino:
pena, gozo; mal, bien.
Quien no acompasa ese vaivén
tropieza en su camino.

Siempre pendiente la amenaza
del triunfo de la muerte.
Y ella contigo se divierte,
contigo se solaza.

Nada y silencio. Nadie nombra
tu suerte desdichada.
Nada eres, hombre, no eres nada:
el sueño de una sombra.

CALLE PANDROSU (II)

Bienamadas imágenes de Atenas.
(...)
Si alguno que me quiere
alguna vez va a Grecia
y pasa por allí, sobre todo en verano,
que me encomiende a ella.
JAIME GIL DE BIEDMA

Después de tanto tiempo
de oficio sin alardes,
te descubrí un verano,
probablemente tarde.

Me gustó tu perfil
valeroso y amable
en esa gris España
de rima consonante.

Leído aquel poema,
enseguida contraje
el íntimo deber
de a ella encomendarte.

Noventa y cuatro, agosto.
Luz y nombres de antes.
En las calles de Atenas,
bienamadas imágenes.

Seguía oliendo a cuero
y a cocina allí el aire.
El amor, en su sitio.
Οδός Πανδρόσου, Jaime.

PAISAJES Y ARQUITECTURA

SAN JUAN DE BUSA

Solitaria en la pradera,
a la luz de un julio suave,
vuelta de quilla la nave,
arsenal el valle era.
Al norte, la Tendenera
y la Partacua hacen uve
bajo el cielo, adonde sube
el águila sus costumbres.
En el peine de las cumbres,
sus canas peina una nube.

MONASTERIO DE SAN JUAN DE LA PEÑA

Bóveda pétrea desmiente
principios de arquitectura:
aérea, sin estructura
ni apoyo que la sustente,
cubre un claustro diferente
donde lo escrito se enseña.
Al abrigo de la peña,
Caín asesina a Abel;
en la cena capitel,
su traición Judas empeña.

LAS TRES SORORES

Musulmanas o cristianas
leyendas aragonesas:
monjas castas o princesas
moras, aquellas hermanas.
Metamorfosis arcanas
de tensiones femeniles.
El Cilindro y sus perfiles.
Se pierde el Monte y se encuentra.
Ese macizo concentra
tres moles que son tresmiles.

SANTA SOFÍA

Joya irredenta de Grecia.
Testigos petrificados,
los tetrarcas abrazados
en San Marcos de Venecia.
La muchedumbre hoy arrecia
desde el vientre del tranvía.
Riadas al mediodía
van de una a otra mezquita.
El universo palpita
en Santa Sabiduría.

GOREME

Al retiro y la clausura
maravilla tal invita.
El artista troglodita
cautiva con su pintura.
Iglesias en miniatura:
nártex, naos, repertorios
de imágenes. Refectorios
y sibiles. Y una estrella
de helénica luz: la huella
de Basilio y los Gregorios.

LAGUARDIA

Pórtico y policromía,
obra antigua, luces nuevas:
por encima de las cuevas
sorprende Santa María.
Cuando ya se extingue el día,
la ciudad parece quieta.
Con grave cadencia escueta,
las doce en la iglesia dan:
por la puerta de San Juan,
la sombra de Aviraneta.

A GUARDA

Separa el Miño de España
sueño y magia: Portugal.
Los viñedos de O Rosal
recorta el Tamuxe y baña.
Junto al castro, una espadaña:
pétrea factura gallega.
Por el piélago navega
un velero de bolina.
Los cuatro puntos domina
el monte de Santa Trega.

VALLE DEL PO

Frescos sutiles del Giotto
y de Francesco del Cossa.
Muestra su faz misteriosa
il gentiluomo de Lotto.
Las madonas y el devoto
Bellini; la diestra mano
de Cima da Conegliano.
Y Ariosto, Petrarca, el Dante
por si no fueran bastante
el veronés y el mantuano.

VICENZA O ANDREA PALLADIO

Orden, vano y simetría
despejan cada ventana,
revelación palladiana
de equilibrio y armonía.
La Basílica, portento
que enriquece el Cinquecento
y la arquitectura ahonda;
el hallazgo del Teatro;
y la euritmia de las cuatro
fachadas de la Rotonda.

CÁRTAMA

A Miguel y Luisa

Hace humillar el testuz
de la res cuando torea,
y su majeza pasea
de prohijado andaluz.
Se han prometido ser fieles
tras las lunas y las mieles.
Desde Málaga a Tarifa
veréis en el carruaje
a este nuevo Abencerraje
junto a su hermosa Jarifa.

EL LLANO

A Julia

Es corazón, alegría,
Polar helada en verano,
cantarina habla de El Llano,
tesoro de simpatía.
¡Cómo cuidaba a María
con amor de antigua escuela!
Hija, nieta, madre, abuela
eran en tierra lejana.
Y yo hermano de esta hermana
venida de Venezuela.

CAPNICAREA

Capricho de intersección
en ático decumano:
decora el hastío urbano
la casa de devoción.
A lo lejos, el peñón
de la Acrópolis domina
hipodámica rutina
que ortogonía reparte.
Y emerge este islote de arte
de la hondura bizantina.

AGRIGENTO

Mira al mar y mira al cielo:
de Rodas emuladora,
cuánto Agrigento atesora:
Empédocles, Pirandello,
nero d'Avola en el suelo
de Trinacria favorito.
Con clasicismo infinito
y mutilado gigante,
en el valle de Acragante,
Mitoraj reinventa el mito.

EN EL CAMINO (I)

Conchas, flechas. El crucero
afianza al caminante.
Consigna: siempre adelante
por carretera o sendero.
No se arredra el santiaguero
ante solana o procela,
y va dejando la estela
de su párvula epopeya.
Lejos se yerguen —¡ultreya!—
las torres de Compostela.

EN EL CAMINO (II)

El día se despereza
en los brazos de la bruma
y el bosque deviene suma
de presentida belleza.
El peregrino endereza
hacia el Santo su marchar:
con un tesón ejemplar
aniquila la distancia.
Es el camino de Francia
y más allá aguarda el mar.

VADILLO

A Javier y Araceli

Arévaca y trianero
de la orden hospitalaria
son ya insigne luminaria
en la vecindad del Duero.
De San Leonardo hasta El Burgo,
nada escapa al demiurgo
ornitodendromicólogo.
Por si parecía poco,
del griego levanta el foco
y ahora se mete a... ¡sinólogo!

ALL SAINTS & ST MARGARET'S CHURCH, LOWESTOFT

Un enigma matutino
dibuja nubes oscuras.
Sincroniza sus figuras
la danza del estornino.
La bandada en el tejado
se posa; al acantilado
el vuelo otras veces va.
En el rumor, el asomo
de ese espeso mar de plomo.
No hay Britania más allá.

ACINIPO

Bate el viento la ladera
tachonada de majanos,
resto de expolios lejanos:
la ciudad, magna cantera.
Destrucción donde hubo vida:
la palestra, derruida;
arruinado, el tepidario...
En lo alto de la colina,
el teatro solitario
Ronda la Vieja culmina.

MONASTERIO DE YUSTE

Septiembre de 1558

La paz del lugar acalla
el dolor de la memoria:
el fragor de la batalla,
el clamor de la victoria.
Villalar, Mühlberg, Pavía...
El celo de la herejía
no detiene su fervor.
Sin atisbo de otro invierno,
esperando el sueño eterno
se apaga el emperador.

CARNAC

Instrucción de monolitos
en formación militar.
Tal vez sembrado lunar,
templo de cósmicos ritos.
Gigantesco cementerio
de cenotafios. Mercado
dos veces centuplicado.
Multiforme es el misterio
que se oculta en los decires
silentes de los menhires.

KARNAK

Al faraó(n) Echazarreta

Como yo opto por el copto,
presa del rapto me adapto
y su algarabía adopto
menos inepto que apto,
capta tú, padre conscripto,
el mensaje que *ex abrupto*
en los pilonos de Egipto
se ha mantenido incorrupto:
repta encima del concepto
jeroglífico precepto.

MONASTERIO DE SAN JUAN TEÓLOGO

¿Eminente monasterio
o militar fortaleza?
Espadañas su rareza
coronan. Un asceterio
acogió antes el misterio
de vieja dicotomía:
Patmos, Éfeso. María
duerme su afán y transita.
En la gruta, el eremita
revelaciones oía.

BAELO CLAUDIA

El horizonte romano,
en el espejo de Ausonia,
dio a otra futura Bolonia
foro, cardo y decumano.
Colosal mide Trajano
el imperio y su extensión.
Industria de salazón
el visitante imagina.
La terna capitolina
cuida propicia Belón.

MONASTERIO DE DAFNI

La cúpula el cielo imita
y astros –lucernas– congrega:
sobre planta de cruz griega
Cristo en el centro gravita.
El que muere y resucita
revela su majestad.
¡Qué tremenda potestad!
¡Qué severidad de ceño!
Y es el mismo que en el leño
inspiró suma piedad.

SAN PEDRO DE LÁRREDE

De irregular aparejo,
Lárrede tiene una torre,
en su iglesia, que socorre
y da cobijo al vencejo.
¿Prerrománico complejo
o mozárabe estructura?
Medio punto y herradura
forjan obra pirenaica.
En la puerta, apotropaica,
una aldaba y su figura.

SAN SALVADOR DE JORA

El velo del andamiaje
cubre y cela la fachada,
y la presunta explanada
se subsume en el paisaje:
Jora, Kariye. Lenguaje
de mosaicos narrativos.
Coloridos expresivos
preludian frescos futuros.
Extramuros o intramuros,
país –Jesús– de los vivos.

SAN VITAL DE RÁVENA

Su solidez seductora
asombra al espectador.
Por dentro luz y color
el presbiterio atesora:
Justiniano y Teodora,
Maximiano y Belisario;
sus besantes Argentario
en pía dádiva ofrece.
El estupor aparece
ante el arte musivario.

PAMUKKALE – HIERÁPOLIS

A Luis (1960-2014),
en el décimo aniversario
de su partida

Emprendiste la aventura,
cuando el móvil no existía,
de Lope de Haro a Turquía
por escapar de la altura.
El Adriático, el Tirreno,
el Egeo no eran freno
a tu porfía atrevida.
Sin cuidado en las terrazas
—sueños blancos, blancas tazas—
te rebosaba la vida.

CAZORLA

A María Tirado (1923-2020),
agosto-septiembre de 1938

La directriz era huir
del estrago de la guerra.
Acoge niños la sierra
que nutre el Guadalquivir.
Cazorla, Peal, La Iruela;
el cobijo de la escuela...
Pero golpea el incierto
mañana con cruel revés:
trae el correo, un mes después,
noticia del padre muerto.

MONASTERIO DE SANTA MARÍA DE HUERTA

A Juan Gómez (1921-2002),
abril de 1939

Fungió apenas de soldado
y ya estrena cautiverio
rendido en el monasterio,
antaño casón sagrado
y entonces improvisado
campo de concentración.
A la luz del rosetón
se arremolina el enjambre.
Pasa miedo, frío y hambre
la quinta del biberón.

DE OTRA LUZ

AZUL LA TRAVESÍA

De otra luz y otros mares
se baña allí la piel de la memoria.
Figuras y lugares
de fuerza evocatoria
al olvido arrebatan la victoria.

El estrago no importa:
importa la emoción, porque en la ruina
la mente vuela absorta.
La magia vespertina
corrobora el rubor que se avecina.

Cielo y mármol. La roca
alberga el esplendor del edificio.
Desconsuelo provoca,
desnudo, el frontispicio.
Se jactan los ladrones de su oficio.

Los curos y las cores
versifican su fábula concisa:
perdieron los colores,
conservan la sonrisa
esculpida en la piedra poetisa.

Diverso es el acento.
Hablas y dialectos, más de cuatro.
Cálamo y atramento.
Coro de veinticuatro
coreutas desplegando su teatro.

Negras figuras, rojas:
héroe, atleta, dios, ninfa, soldado.
La fealdad despojas
de estricto predicado
en escena de barro fragmentado.

La isla, media luna.
Al sur, de púas verdes erizada,
esa otra oblonga, cuna
de silabarios, cada
vez más cerca y más lejos avistada.

Aquella costa, tuya.
Por más que mientan nombres y banderas,
no hay viento que destruya
tus huellas, mensajeras
—en su grave callar— de lo que eras.

Qué azul la travesía,
qué verdes los instantes, pardos, rojos,
que el rumbo nos traía.
Desolación. Antojos
del sedoso susurro de tus ojos.

Declina ya la luz.
La marea —reflujo— se retira.
Amor a cara o cruz...
Y sale cruz y vira
la vida entre las cuerdas de la lira.

EXPERIENCIA DE LA POESÍA

Fue por casualidad.
Corría junio del ochenta y tantos.
Yo andaba entonces por la facultad
metido en la lectura
y en la traducción
de los clásicos: cuántos
buenos momentos de literatura
y también cuánta duda y desazón.
Casualmente, pues, como decía,
encontré y releí mi producción
de intensa poesía
adolescente-neobecqueriana
años antes escrita...
Ni un solo poema
ni una rima imperita
al final se salvaron de la quema:
me habían salido rana.
Y es que, aun siendo exigente el escrutinio,
tenían merecido el exterminio.

No me importaba mucho.
Buscaba por entonces otra meta:
ser doctor, profesor, traductor ducho,
filólogo, todo antes que poeta.
Estaba, sin embargo, fascinado
por los arcaicos griegos:
Arquíloco, ese gran desvergonzado;
Safo y sus hondos ruegos;
Anacreonte, amante
selecto y caprichoso;
Píndaro, deslumbrante.

También me dejó poso
la fértil poesía castellana:
Lope, Quevedo, Garcilaso, Aldana
aliviaron el peso de la prosa
y dieron otro lustre a la rutina.
Claro que ilustre, aguda y talentosa
me cautivó esta tríada latina:
Catulo, el veronés
que odiaba y amaba por igual;
el seductor Propercio;
y el incisivo diestro de los tres
—debo cambiar de tercio—:
rehiletero genial,
el más grande, Marcial.

Aquella tarde espesa en el colegio,
la redacción doblaba la pereza.
Ya no nos eximía el privilegio
de cantar en el coro;
con todo, en mi cabeza
ideaba canoro
una trova de osada sutileza.
Con ella iniciaría
la odiosa redacción
y por fin triunfaría...
Pitillo entre anular y corazón,
paseaba fumando el padre Justo,
director de la docta institución;
se acercó a mí, leyó y, condescendiente,
si había estudiado métrica, inquirió.
Me recobré del susto
y sin saber qué era exactamente
le respondí que no.

Seguro que el engendro era execrable,
pero en mí despertó
una afición no menos espantable:
mi apego decidido al soniquete.
Rebuscaba en los libros de lectura
efectos consonantes y asonantes.
Juguete tras juguete,
nada era ya como antes:
un poema, una aventura,
del círculo del signo cuadratura.

Me agrada el verso libre,
aunque no lo practico.
No es fácil encontrar una cadencia
desnuda que cabalmente equilibre
el cómo con el qué.
Lo consiguieron Luis y Federico,
Dámaso; entre los griegos, Odiseas
y Yorgos; esa ciencia
y brillantes imágenes e ideas
también en Jaime hallé.
En cambio, cuando escribo,
necesito la magia de la rima,
el isosilabismo,
un patrón cohesivo
que su ceñir imprima.
Desde el creacionismo,
un maestro: Gerardo,
del tiempo injustamente maltratado.
A Jon, de los cercanos,
varios cuerpos encuentro destacado.
Y, aunque no parezcan ser lo mismo
porque cantan, tres amigos o hermanos
de superior nivel:

Joaquín, neogoliardo;
un punto filipino, Luis Eduardo;
y al frente del cartel,
vate mediterráneo, Joan Manuel.

Cuadrado azul, el texto de primero
—bosque de árboles, sintagmas, morfemas
y lexemas— con un autor cerraba
—recreo pasajero—
la hartura de los temas.
«Como el toro he nacido...» allí esperaba.
Cuántas veces leí,
y cómo me gustaba,
«Caupolicán», con ese aire sonoro
de sus rimas agudas.
También más adelante
de memoria aprendí
el complicado encargo de Violante.
Y ya no abrigué dudas:
batir de remos de marfil y oro,
en soledad el surtidor de sueño,
la ardiente simetría
de los labios, la rosa y la azucena,
cristales en las manos de su dueño,
la sentida memoria donde ardía
el alma, su condena...
de mí se apoderaron. Amuleto
y espejo de emociones, el soneto.

El poema está escrito.
Atrás quedan proyectos, tentativas,
ritmos, ecos fallidos, esqueletos
de estrofas, la arquitectura del mito,
los versos incompletos
y las rimas cautivas.

El poema está escrito
y a la espera de distinta lectura
que le otorgue entidad:
hasta entonces tan solo era mitad
pendiente de factura.
Cede sus inquietudes el poeta
y el lector las construye y reinterpreta.

Un paraguas en día de tormenta;
un penalti a favor
de tu equipo en el último minuto;
una caña de Mahou en el desierto;
una novia de veinte a los cuarenta;
en noches de miseria y desamor,
la luz de un bar abierto;
a las 14:30 el instituto...
La poesía, en fin, una manera
de soportar un domingo cualquiera.

PERDIDA

Culpo a las elusiones de tu boca
por no besar el verso que la busca
y distraer en prosa casi siempre.
Otras las circunstancias, era un sueño
tus rimas arreglar; pero ya es tarde
para diletantismos y te pierdo

por rutinaria inercia mientras pierdes
tú esos cálidos versos de mi boca,
besos con que salvaba alguna tarde.
Creo que debo suspender la busca
de refugios amables para un sueño
que resultó imposible desde siempre.

Como el amor no existe para siempre
—a veces, para nunca—, el que más pierde
es quien se deja aconsejar del sueño.
Versos y besos no adornan la boca
a quien malgasta besos en la busca
de algunos versos que salven la tarde.

Apenas me arrepiento. Cuando es tarde
para adioses y besos, como siempre
que salen fibras rotas a la busca,
vale la pena más el que perdemos
que el verso que nos salva. Por tu boca
pasan de largo rastros de aquel sueño.

La espiral del olvido es otro sueño
condenado al fracaso mientras tarde
la frialdad en dominar mi boca.
Serán labios y sílabas por siempre
la materia amorosa que perdéis,
besos y versos dañados por tu busca.

Entre estos versos, mi ánimo te busca.
Aunque no quede margen para el sueño,
la indiferencia y el desvío pierden
la partida que entablan esta tarde
con tus besos en prosa, los de siempre,
esas reminiscencias de tu boca.

Salva la tarde versos en tu busca.
Busca besos el sueño donde siempre.
Siempre perder es no encontrar tu boca.

ÍNDICE